RÉPONSE

A LA CONFESSION

DE SON ALTESSE SÉRÉNISSIME

MGR. LE COMTE D'ARTOIS;

Renvoyée au T. R. P. Dom Jerome, mais rendue publique par les ordres de Son Altesse.

A BRUXELLES;

Et se trouve a Paris,

Chez le Secrétaire des commandemens de Monseigneur l'Archevêque de Paris, & chez tous les Supérieurs de Communautés, même celle de Saint-Lazare.

RÉPONSE
A LA CONFESSION
DE S. A. S. Mᴳᴿ. LE COMTE D'ARTOIS.

PRINCE,

LE Peuple François dont vous aviez, proprement dit, médité le lâche assassinat, en vous servant des mains de vos perfides suppôts, croit votre ame accoutumée aux forfaits, incapable de repentir. L'impureté du sang d'Artois, dont vous avez hérité, nous étoit un sûr garant de ce dont vous étiez capable. Votre confession est très-sincere, & c'est le désespoir de n'avoir pu faire réussir vos projets, qui vous l'a arrachée. Le grand Inquisiteur, aux pieds duquel vous vous êtes jetté, a, par un

A 2

peu de flatterie pour votre perſonne , mé-
nagé les remontrances , & ne vous a pas
aſſez ouvert les yeux ſur votre atrocité.
Je vais donc reprendre quelques articles
de votre confeſſion , pour vous peindre
votre noirceur dans toute ſon étendue ;
car, en vérité, Dom Jérôme, trompé par la
douleur apparente de votre repentir, n'a
entrepris que de nous conſoler. La clé-
mence de l'Etre Suprême peut faire naître
dans votre cœur l'eſpérance du pardon ;
mais ne comptez jamais ſur celui des
François.

Vous avez rapidement gliſſé ſur vos pre-
mieres années , parce que vous ſavez en
vous-même qu'elles ont été ſcandaleuſes.
Il ne ſuffit pas que vous le ſachiez , il vous
faut même en inſtruire le peuple que vous
avez offenſé , & lui dire que , mépriſant
les avis de vos Gouverneurs , vous alliez
clandeſtinement fréquenter la ſociété de
jeunes gens pervers dont vous avez pris
les mauvais principes , que vous avez dé-
ployés par la ſuite avec plus de prompti-

tude que vous n'euſſiez couru au bien; premier pas dans le libertinage qui vous a
conduit dans l'impiété, & vous a fait en-
ſuite enfreindre toutes les Loix preſcrites à
l'honnête homme. Cette infraction a donc
favoriſé le penchant naturel qui vous por-
toit au mal que vous ſaiſiſſez préſentement
avec avidité. Votre rapprochement au
Trône, par la mort de Louis XV, enfanta
en vous l'ambition de la couronne. La ja-
louſie, l'envie & la diſcorde, toutes ces
furies s'emparerent de votre perſonne :
depuis ce moment, comme un ſecond
Caïn, vous portâtes à votre frere aîné,
notre Monarque chéri, une haine impla-
cable. Il fut compenſé par l'amour de ſon
peuple que vous cherchâtes à indiſpoſer
contre lui. Oui, je le dis; ſi la crainte de
ſoulever tout le Royaume contre votre
perſonne ne vous eût retenu, à l'exemple
du farouche Caïn maudit de ſon Dieu,
vous euſſiez plongé un fer meurtrier dans
le ſein de votre frere. O barbare ! ô inhu-
main ! Qui vous a donc retenu ? Qui a

ſuſpendu votre bras fratricide ? Ce n'eſt point l'atrocité de l'action, ce ne ſont point les ſentimens : le voici en deux mots; c'eſt la ſévérité des Loix , ſans égard pour vous, qui a arrêté vos pas; car enfin votre conduite préſente prouve ce que j'avance. Ne pouvant vous adreſſer au pere , vous vouliez aſſaillir les enfans. Déjà vos ordres funeſtes étoient donnés, vos infâmes agens devoient vous ſeconder, & déjà nous touchions au moment fatal de cette exécution. Ame traître & perfide , tu fais frémir d'horreur. Va donc au loin épancher ton poiſon ſubtil. Jamais, non jamais tu n'approcheras de ce trône ſur lequel tu as jetté ſi ſouvent tes regards envieux. Avant d'en venir à cet horrible attentat, quels étoient vos manéges honteux ? Il eſt inutile d'en parler, ils ſont aſſez connus. Il n'y en a qu'un particuliérement, dont l'infamie n'eſt pas connue dans ſon économie. Foulant aux pieds les droits du Sang, vous avez intercepté l'amour conjugal du Roi votre Maître & de la Reine,

votre Sœur ; eh bien, apprenez la pu-
nition que vous méritez, en vertu de
ce crime ! Les Anciens condamnoient à
être brûlé vif quiconque enfreignoit les
droits de la fanguinité ; & c'eft ainfi que
feroit puni de nos jours un citoyen trouvé
dans un pareil délit. Ayez cette foibleffe,
cette paffion, tout homme en eft attaqué,
elle eft plus ou moins blâmable, fuivant
comme elle eft plus ou moins effrénée.
Voltigez, tant que vous voudrez, de la
Duthé à la Conta, & de la Conta à la
Duthé. Si vous vous rendez méprifable,
fi vous dégradez au dernier point le Sang
royal, au moins vous ne commettez point
de crime envers lefe-nature, qui nous dé-
fend de nous marier ainfi avec nos pro-
ches. Mais vous qui êtes fans foi, fans
honneur, peu vous importe. Auffi votre
réputation eft-elle bien établie. Vous ne
tarderez point à vous faire connoître dans
l'endroit où vous êtes. Comme rien ne
vous coûte pour fatisfaire vos goûts, jettez
votre œil prophane fur les femmes hon-

A 3

nêtes. Faites-leur des aveux ; sans doute leur vertu s'offensera ; irrité de cet affront, vous manquerez aux femmes, les époux vengeront les épouses ; & si bien, qu'enfin ils mettront votre nom dans l'éternel oubli. La France se réjouira d'apprendre que vous serez descendu dans l'ombre du tombeau. Elle n'aura plus à craindre son plus cruel ennemi, elle ne sera plus autant sur la défiance ; enfin ses vœux seront comblés. Si cette fin tragique ne vous est pas encore arrivée, ce n'est pas qu'elle ait cessé de conjurer le Pere commun des Peuples de tonner sur vous suivant votre priere, & de vous écraser de sa foudre. Soyez persuadé que vous ne laisserez aucun regret après vous. Mais revenons à une de vos belles qualités qui m'étoit échappée ; car enfin il faut faire tout du long votre éloge. Par quelle générosité d'ame avez-vous pillé le trésor royal ? Où a passé cet argent? dieu-merci, vous avez fait signer au Roi votre Maître des bons : les uns de 40,000 l., & les autres de

60,000 l. Vous avez furpris fa bonne foi.
Avez - vous payé vos dettes? Non, car
en partant vous avez fait une énorme
banqueroute; vous vouliez que l'Etat payât
vos dettes. On vous répondit que cela
ne convenoit pas ; Louis XVI vous dît
qu'il ne tenoit qu'à vous de retrancher vos
dépenfes. Toutes ces réponfes vous ont
mis du fiel dans le cœur; & pour cela,
vous aviez projetté la perte de l'Etat.
Scélérat! y penfiez-vous! Tourner vos
armes contre notre Patrie! Non content
de vos armes, vous avez employé tout
ce que vous avez puifé au tréfor, à payer
des bras qui devoient porter le poignard
dans notre fein. Vos efforts furent vains,
la bravoure des François fut bientôt armée
& capable de repouffer tous nos brigands
enrégimentés. Grace à l'œil vigilant qui
gouverne notre Empire ; votre projet in-
humain, appuyé fur la barbarie la plus
atroce, n'a pas pu réuffir. En conféquence,
vous êtes en fûreté de la part des Citoyens
de la France, la vengeance n'eft point

faite pour leurs grandes ames. Mais ils vous regarderont toujours comme traître à la Patrie.

Préfentement, vous me permettrez de vous féliciter fur la Couronne que la générofité des Anglois vous a accordée ; ambitionnant plus qu'aucun Prince de monter fur un trône, vous devez être fatisfait. Vos vœux font accomplis ; foyez donc content, vous régnez dans une ifle (1), auffi nombreufe que la France ; mais non pas en auffi bons fujets, car ils vous reffemblent ; là, manifeftant un peu d'humanité, qui vous fera furnaturelle, vous ferez chéri & adoré. Vous n'y craindrez plus les brochures fatyriques, qui ont tant vanté votre bravoure à Gibraltar, & la délicateffe de vos fentimens. Vous pouvez vous défendre contre les attaques de vos ennemis. Avec le droit de corvée, vous pouvez vous éviter la nourriture de vos

---

(1) L'Ifle de la baie de Botanique, où les Anglois tranfportent les malfaiteurs qui, en France, feroient envoyés aux galeres.

gens. Tout enfin ira au gré de vos vœux.

De cette ifle vous pouvez vous faire un Royaume. Votre premier foin, je penfe, doit être de vous entourer de Miniftres, dignes de votre augufte perfonne. Brienne, ce me femble, mérite que vous le nommiez Directeur général de vos finances. Le Duc de Guiche doit être à la tête du département de la guerre. Pour y faire fleurir les arts, il feroit à propos d'établir une académie des arts. Vous avez fous votre dépendance un nombre infini de galeriens, qui font fort inftruits. Par la fuite les Architectes vous éleveroient des monumens, les Sculpteurs feroient naître fous le cifeau & le burin des trophées à votre gloire. Votre nom, gravé fur les marbres, pafferoit à l'immortalité. Si vous établiffez des fujets d'émulation, comme des médailles, les fciences en fortiront avec énergie. Après votre mort, on vous honorera d'une oraifon funebre très-éloquente. Par la fuite, vous y établirez une police dont les Réglemens & les Ordonnances, feront fages & bien pefés. Alors tout ira bien : d'un exilé, vous deviendrez un Roi très-puiffant ; votre Royaume fera très-bien peuplé. A la vérité, vous n'y aurez point de Gibraltar à conquérir ; mais la conquête des cœurs fera toute vôtre gloire ; enfin, quoi de plus fatisfaifant pour vous ? Vous ferez libre déformais de mettre autant d'impôts que vous voudrez fur votre peuple. Ah ! quelle joie pour une ame tyrannique !